THEODORE ROOSEVELT

La lucha contra la corrupción

Por Jérémy Rocteur
En colaboración con Pierre Frankignoulle
Traducido por Elena Muñoz Galvez

Historia en50MINUTOS.es

¡CONVIÉRTASE EN UN GENIO DE LA HISTORIA!

THEODORE ROOSEVELT 1

BIOGRAFÍA 3

CONTEXTO POLÍTICO, ECONÓMICO Y SOCIAL 9

Una economía en crecimiento
La apertura al exterior
Una población alterada

MOMENTOS CLAVE 15

La defensa de los derechos de los trabajadores
La regulación de las empresas monopolísticas o *trusts*
La regulación del ferrocarril
Las leyes sanitarias y la protección de la naturaleza
Un papel creciente en la escena internacional
El Premio Nobel de la Paz
La campaña presidencial de 1912

REPERCUSIONES 27

Una mejora en la calidad de vida
El fortalecimiento de la función presidencial
Una política interior... ¿progresista?
La afirmación de los Estados Unidos en la escena
internacional

EN RESUMEN 31

PARA IR MÁS ALLÁ 35

THEODORE ROOSEVELT

- **¿Nacimiento?** El 27 de octubre de 1858 en Nueva York (Estados Unidos).
- **¿Muerte?** El 6 de enero de 1919 en la misma ciudad.
- **¿Partido político?** El Partido Republicano.
- **¿Fecha de elección?**
  - El 14 de septiembre de 1901.
  - El 8 de noviembre de 1904.
- **¿Duración del mandato?** Siete años.
- **¿Principales aportaciones?**
  - El establecimiento de un ejecutivo moderno.
  - La regulación de las empresas monopolísticas o *trusts*.
  - La legislación sobre las tarifas ferroviarias.
  - La ley sobre el control de las industrias alimentarias y farmacéuticas.
  - El papel central de la Navy en la diplomacia estadounidense.
  - El comienzo del imperialismo benévolo de los Estados Unidos.

En 1901, Theodore Roosevelt se convierte, con 42 años, en el presidente más joven de la historia de los Estados Unidos. Este líder carismático, lleno de energía y que domina el arte de la palabra, no duda en modificar los códigos de la presidencia. Al contrario que su predecesor, Theodore Roosevelt defiende sus propias iniciativas políticas sin miedo a distanciarse de la ideología de su partido. Este distanciamiento será incluso más notable durante su segundo mandato, que será uno de los más prolíficos en materia de producción legislativa en la historia estadounidense.

A lo largo de su carrera, transforma también la política interior al multiplicar medidas que pueden calificarse de progresistas. En el plano internacional, refuerza considerablemente el papel que juega su país en el orden mundial de comienzos del siglo XX y contribuye a la afirmación del imperialismo estadounidense.

Roosevelt es un gran protector de la naturaleza, un héroe de guerra y un defensor de las clases trabajadoras que, todavía hoy, goza de una gran popularidad. Se le considera como uno de los residentes más importantes de la Casa Blanca, como demuestra su presencia en el Monte Rushmore junto a George Washington (1732-1799), Thomas Jefferson (1743-1826) y Abraham Lincoln (1809-1865). Su recorrido fuera de lo común contribuye también a mantener intacto su prestigio.

BIOGRAFÍA

Fotografía de Theodore Roosevelt en 1904.

UN JOVEN FRÁGIL CON UN DESTINO ASOMBROSO

Theodore Roosevelt Junior nace el 27 de octubre de 1858 en el seno de una familia acomodada. Es el segundo hijo de Martha Bulloch (1835-1884), que procede de un rico linaje de políticos, y de Theodore Roosevelt Senior (1831-1878), un hombre influyente y cercano al entonces presidente, Abraham Lincoln. Desde su nacimiento, padece una enfermedad congénita que hace de él un niño frágil. Las crisis de asma le obligarán, durante toda su vida, a librar una dura batalla por su salud.

Pese a este obstáculo, el joven Theodore Roosevelt es un niño dinámico y curioso que se sumerge en la lectura de todo tipo de libros. Su debilitada salud le impide seguir una enseñanza normal, así que aprende con profesores particulares.

En la adolescencia, todavía de débil salud, decide seguir un entrenamiento físico intensivo y comienza a practicar boxeo. El deporte le permite desarrollar su cuerpo y, poco a poco, consigue controlar las crisis de asma, cuya frecuencia disminuye.

En 1876, inicia sus estudios de Derecho en Harvard y se afilia al Partido Republicano. Pese a que su salud mejora, un médico le advierte de que debe llevar una vida tranquila y orientarse hacia una ocupación sedentaria. Pero no lo hará.

En 1880, se casa con Alice Hathaway Lee (1861-1884), a quien conoce durante su estancia en la universidad. La joven fallece cuatro años más tarde a consecuencia de su primer parto, y la mala suerte quiere que, el mismo día, Roosevelt pierda también a su madre. Le cuesta superar el duelo, por lo que decide irse a Dakota, donde vive como un *cowboy*. Esta experiencia le resultará muy instructiva. Durante varios meses, atraviesa a caballo las llanuras del territorio, construye un rancho y divide su tiempo entre la caza y la escritura. Esta forma de vida no le abandonará nunca. Allí funda los Rough Riders, el primer regimiento voluntario de caballería del ejército estadounidense, al frente del cual participa en la guerra de la Independencia de Cuba en 1898.

Theodore Roosevelt con los Rough Riders durante la guerra de la Independencia de Cuba.

En 1886 vuelve a la costa este. Allí se casa en segundas nupcias con Edith Kermit Carow (1861-1948), con quien tendrá cinco hijos y con la que vivirá hasta su muerte.

LA LUCHA CONTRA LA CORRUPCIÓN

Aunque su origen familiar le hubiera podido garantizar un rápido ascenso en su carrera profesional, Theodore Roosevelt prefiere comenzar por abajo e ir escalando poco a poco. Su gran interés por la política le lleva a dejar sus estudios para dedicarse a ella por completo. Gracias a sus esfuerzos, es elegido en tres ocasiones a la Asamblea Estatal de Nueva York por mandatos de un año. Este pequeño hombre, lleno de entusiasmo y hablador, se impone rápidamente como líder de los jóvenes reformistas del partido.

Se convierte en el presidente de una comisión especial que tiene por misión investigar el gobierno local y el comité de Nueva York. En esta función, en la que lucha contra la corrupción, adquiere cierto reconocimiento por parte del gran público. En su tarea le asisten dos demócratas y dos republicanos que le son favorables. No se salva ningún departamento: se habla de chantaje y extorsión en la oficina del fiscal, de graves abusos en la del *sheriff*, de la compra del silencio de policías, etc. Las pruebas son tan contundentes que consigue que se aprueben casi todos sus proyectos de ley para regular la vida pública en Nueva York.

En la Convención Nacional del Partido Republicano celebrada en Chicago en junio de 1884, la vieja guardia corrupta del partido quiere imponer a James Gillespie Blaine (político estadounidense, 1830-1893) como candidato a las elecciones presidenciales, pese a las numerosas sospechas de corrupción que pesan sobre él. Roosevelt no duda en seguir su instinto y se opone a la cúpula del partido votando por George Franklin Edmunds (político estadounidense, 1828-1919), incluso aunque este no tiene ninguna oportunidad de ganar.

Entre 1889 y 1895 es miembro de la Comisión de Reclutamiento de funcionarios federales. Después, durante dos años, preside la Comisión de Policía de la ciudad de Nueva York. En 1897, el presidente William McKinley (1843-1901) le nombra asistente del Secretario Adjunto de la Marina, cargo que ocupa hasta 1898, cuando parte a combatir a Cuba.

Tras su regreso, rodeado de gloria, se convierte en gobernador del estado de Nueva York, función que ejerce entre 1898 y 1900. En 1901 ocupa el puesto de vicepresidente y, tras la muerte de William McKinley, le sucede en el cargo. En 1904 es elegido por un segundo mandato; ocupa la presidencia hasta 1909, cuando cede su puesto a William Howard Taft (1857-1930).

Además de ser un reconocido político, Theodore Roosevelt es también un escritor prolífico, autor de una treintena de libros. Esta pasión se manifiesta desde su más tierna infancia. Con la edad, sus escritos se diversifican: las cartas dan paso poco a poco, entre otros géneros, a panfletos, poemas y obras históricas. Su libro, *The Naval War of 1812* (1882), sobre el incipiente poder naval estadounidense, consigue un éxito considerable y se convierte con rapidez en un libro imprescindible a ambos lados del Atlántico.

Al término de sus dos mandatos, todavía se siente atraído por la aventura. Continúa viajando, principalmente a África, Asia y América del Sur, donde organiza partidas de caza y colecciona animales exóticos.

Roosevelt fallece el 6 de enero de 1919.

CONTEXTO POLÍTICO, ECONÓMICO Y SOCIAL

UNA ECONOMÍA EN CRECIMIENTO

El final del siglo XIX y el comienzo del XX están marcados por un importante desarrollo económico. Gracias al vapor y a la electricidad, el ritmo de producción se acelera de forma considerable y la mayor parte de los sectores viven un crecimiento exponencial. Los industriales consiguen amasar grandes fortunas mediante la explotación de una mano de obra barata y con el apoyo de una legislación favorable adoptada por políticos corruptos.

Por otro lado, en las décadas de 1880 y 1890 se acelera el movimiento de concentración financiera que había comenzado en los años 1870. El número de *holdings* (sociedades financieras con acciones de otras firmas) se multiplica y las necesidades de capital de las empresas en crecimiento solo pueden ser cubiertas por el mundo financiero. De esta forma, aumenta el poder de los grandes banqueros sobre la economía. Los políticos, tanto demócratas como republicanos, son conscientes de ello y trabajan para defender y perpetuar el sistema capitalista, dominado por oligarquías a las que ellos mismos pertenecen y que son presa de la corrupción. En el transcurso de sus mandatos, Theodore Roosevelt intenta cambiar las cosas y se convierte en el primer presidente en hacer prevalecer el interés público sobre los intereses privados.

Sin embargo, a finales del siglo XIX, este crecimiento desenfrenado se ve interrumpido bruscamente. A principios de 1893, quiebran numerosos bancos y miles de empresas cierran, privando así de ingresos a innumerables trabajadores. Estallan huelgas, en ocasiones violentas, por todo el país. Como solución a esta situación, comienza a considerarse el papel que los Estados Unidos podrían desempeñar en el mundo: la solución a los problemas económicos del país podría venir del exterior.

LA APERTURA AL EXTERIOR

En torno a 1890, los Estados Unidos se convierten en la primera potencia económica; pero, en la práctica, siguen teniendo muy poca visibilidad en la escena internacional. Hasta ese momento, la doctrina Monroe, adoptada en 1823, limita la acción de los Estados Unidos a Europa y protege al país de las intenciones colonialistas europeas. Como consecuencia, la política exterior estadounidense se centra principalmente en América Latina.

Sin embargo, a finales del siglo, la producción industrial estadounidense es tanta que ya no puede ser absorbida en su totalidad por el consumo interno. Es necesario encontrar nuevos compradores, en concreto en mercados extranjeros. Surgen así diversas reflexiones para adaptar la política exterior estadounidense a esta nueva realidad.

La apertura al exterior parece ser pues la solución: entablar relaciones con potenciales adversarios permitiría canalizar parte de las críticas internas hacia el exterior y, al mismo tiempo, contribuiría a desarrollar un sentimiento de patriotismo. Por otra parte, Gran Bretaña consigue a duras penas mantener el orden mundial, sobre todo frente al ascenso del Imperio alemán. Así, se diseña progresivamente la idea de un expansionismo estadounidense para solucionar estas cuestiones. De esta forma, se abre la puerta al imperialismo. El estallido de la guerra de la Independencia de Cuba, en 1898, sirve de pretexto para intervenir en el exterior.

LA GUERRA DE LA INDEPENDENCIA DE CUBA

Desde 1895, los rebeldes cubanos luchan por independizarse de España. El presidente estadounidense en el cargo, William McKinley, decide intervenir en el conflicto, principalmente para facilitar y asegurarse el acceso a los mercados exteriores de América del Sur.

Tras una breve campaña, y sin llegar a convertirse en colonia oficial, Cuba es incorporada a la esfera de influencia estadounidense. Pese a no anexionarse la isla, los Estados Unidos consiguen imponer en la nueva constitución cubana una enmienda que les autoriza a instalar bases navales y a «intervenir para la conservación de la Independencia cubana, el mantenimiento de un Gobierno adecuado para la protección de vidas, propiedad y libertad individual» (Ecured).

Ese mismo año, el Congreso ratifica el tratado de anexión de Hawái y, un año después, el de Filipinas. Estos acontecimientos se encuentran en el origen del enfrentamiento entre:

- los antiimperialistas, como el escritor estadounidense

Mark Twain (1835-1910), quien denuncia la incompatibilidad de esta anexión con dos de los principios de la república:
  - los principios constitucionales (el consentimiento de los gobernados),
  - y los morales (la prevalencia del derecho sobre la fuerza);
- los expansionistas, uno de cuyos principales representantes es Theodore Roosevelt.

Sin embargo, tras las revueltas sangrientas que tienen lugar en Filipinas, esta primera ola de imperialismo se detiene de forma casi inmediata. De esta forma, a los dirigentes estadounidenses solo les queda una solución: conquistar de forma pacífica los mercados extranjeros para poder extender sus bienes y sus inversiones. Este es el comienzo de la doctrina «de la puerta abierta» (1898-1900). Mediante esta doctrina, los estadounidenses reivindican el derecho de los ciudadanos de cualquier país a viajar y comerciar, sin ningún tipo de discriminación, dentro de zonas de influencia de otras potencias.

Poco a poco, los Estados Unidos promueven un nuevo orden mundial en el que no tiene cabida la idea de conquista o dominación colonial. Sin embargo, no es más que una fachada. Tras el carácter aparentemente desinteresado de los objetivos marcados, se están justificando por adelantado las intervenciones que sea necesario llevar a cabo.

UNA POBLACIÓN ALTERADA

Durante la segunda mitad del siglo XIX, la población estadounidense aumenta con rapidez, pasando de 30 millones de habitantes en 1860 a 75 millones en 1900. La principal causa es el influjo masivo de inmigrantes procedentes principalmente de Europa central y del sur.

Poco a poco, se ahonda la brecha entre los nativos y los desfavorecidos. Las condiciones de trabajo de los obreros son penosas y peligrosas. Aunque se sofocan las huelgas, los disturbios están a punto de estallar. Así, existe un clima de descontento general, especialmente en las ciudades. La ley y el recurso a la represión violenta no son suficientes para mantener el orden.

Para que el sistema establecido sobreviva, los estratos de la población menos pudientes tienen que percibirlo como necesario. Para ello, se crea el mito del sueño estadounidense, que la escuela, la literatura popular e incluso la Iglesia se encargan de difundir. El mensaje es claro: cualquiera puede hacerse rico si trabaja duro. También se fundan universidades, con el apoyo de millonarios como como Leland Stanford (empresario y político estadounidense, 1824-1893), cuyo principal objetivo es educar a los agentes encargados de mantener este sistema (profesores, abogados, etc.)

Sin embargo, pese a los esfuerzos realizados por la élite dirigente, una gran parte de la opinión pública comparte las críticas dirigidas al poder establecido y emergen así movimientos de envergadura nacional.

La inmigración masiva, que se intensifica en las dos últimas décadas del siglo XIX, empeora la situación. Esta oleada migratoria provoca una competencia económica entre los antiguos y los nuevos recién llegados. La mano de obra es tan abundante que los empresarios pueden permitirse mantener bajos los salarios. La crisis de 1893 y la posterior recesión agravan la situación: las huelgas se multiplican y la violencia es cada vez mayor. Algunas ciudades viven verdaderas insurrecciones obreras. Esta crisis empuja a los políticos a adoptar medidas dentro de la esfera del progresismo.

EL PROGRESISMO

El término «progresista» proviene de un conjunto de movimientos que buscan implantar nuevas ideas en la sociedad estadounidense y adoptar una legislación que ayude al progreso de la sociedad.

En su origen, esta corriente es una reacción de los poderes públicos ante el descontento de las clases trabajadoras; sin embargo, su objetivo —no confesado— es dificultar el ascenso del socialismo, en torno al cual podrían congregarse los descontentos. Se trata pues de una enmienda al sistema capitalista que busca consolidarlo, y no de cambios radicales: las clases dirigentes pretenden, sobre todo, apaciguar el clima social. Este proceso de reformas se acelera en 1907, año durante el que los socialistas y los sindicatos aumentan considerablemente su influencia.

En este contexto de extremada agitación llega Theodore Roosevelt a la Casa Blanca.

MOMENTOS CLAVE

LA DEFENSA DE LOS DERECHOS DE LOS TRABAJADORES

Al suceder a William McKinley en el despacho oval, Theodore Roosevelt declara que no tiene intención de cambiar la política de su predecesor. Sin embargo, animado por el deseo de crear una sociedad más justa e igualitaria, se muestra dispuesto a defender sus ideas políticas.

Para Roosevelt, la solución a la mayor parte de los problemas económicos y sociales que viven los Estados Unidos a comienzos del siglo XX pasa por una mayor centralización e intervencionismo por parte del Gobierno federal. Durante su mandato como gobernador del estado de Nueva York, había adoptado ya medidas dirigidas a tranquilizar a las clases trabajadoras. Se mostraba favorable incrementar la regulación de las empresas y había arremetido contra las penosas condiciones laborales, logrando:

- la disminución del tiempo de trabajo para las mujeres y los niños;
- la instauración de la semana de 38 horas para los empleados estatales.

No abandona esta batalla al convertirse en presidente de los Estados Unidos, cargo desde el que no dejará de intentar imponer un control federal sobre las empresas privadas para limitar sus abusos contra los ciudadanos estadounidenses.

Además, Roosevelt no duda en intervenir en algunos conflictos entre empresarios y trabajadores, como sucede por primera vez en 1902. A finales de este año, varias minas de carbón están paradas debido a una huelga. Temiendo una escasez durante el invierno, Theodore Roosevelt amenaza con enviar al ejército para aplacar la revuelta. Ante esta amenaza, los propietarios de las minas aceptan el establecimiento de una comisión independiente de negociación, que el presidente utiliza para favorecer a los mineros.

Fotografía de la comisión establecida para gestionar el conflicto entre los propietarios de las minas y sus empleados.

LA REGULACIÓN DE LAS EMPRESAS MONO-POLÍSTICAS O *TRUSTS*

En esta época, el mundo de los negocios concentra un gran poder y la mayor parte de los estadounidenses teme que los financieros industriales puedan imponer sus decisiones. Consciente del problema, pero también conocedor de la importancia de las empresas monopolísticas (sociedades con gran poder que disfrutan de una posición de monopolio desde la que influyen en la economía), Theodore Roosevelt no busca disolverlos, sino regularlos.

De esta manera, el presidente rechaza la herencia de Thomas Jefferson, compartida por la mayoría de sus predecesores, de que la intervención del Gobierno tiene que ser limitada. Para conseguir este objetivo, Roosevelt crea un departamento gubernamental compuesto por expertos que se consagran por completo a la regulación de las corporaciones que participan en el comercio interestatal. Nace así la Oficina de Corporaciones, cuya misión es vigilar los sueldos en las sociedades anónimas. Por otro lado, esta nueva agencia federal permite a Roosevelt crear una opinión pública y proponer al Congreso proyectos de ley de regulación.

Con el apoyo del Tribunal Supremo, inicia diligencias judiciales contra un *holding* ferroviario al que pertenecen los nombres más importantes del mundo financiero de la época, y ordena incluso su disolución. De esta manera, Roosevelt busca mostrar su independencia frente al mundo empresarial y espera que la amenaza de disolución sea sufi-ciente para que los empresarios acepten sus medidas regulatorias. En apenas dos años, se abren 42 diligencias contra otras empresas, lo que confiere a Roosevelt la reputación de *Trustbuster*, es decir, el «destrozador de monopolios».

LA REGULACIÓN DEL FERROCARRIL

El segundo caballo de batalla del presidente es la regulación de las empresas ferroviarias que participan en el comercio interestatal, muchas de las cuales llevan a cabo prácticas abusivas. Roosevelt se entera de que algunas sociedades utilizan vehículos privados para transportar las mercancías de exportadores privilegiados. Así, para evitar la discriminación de los pequeños transportistas, Theodore Roosevelt quiere establecer unas tarifas fijas, sin importar quién sea el exportador.

La mayoría de los ciudadanos está a favor de esta regulación. Sin embargo, en una época de inflación galopante, se teme que esta decisión provoque un alza general del coste de la vida como consecuencia del incremento de las tarifas ferroviarias. Pese a este temor popular, y tras varios años de lucha, el presidente consigue que, en 1906, se adopte la ley Hepburn. De ahora en adelante, y gracias a esta legislación, el Gobierno federal puede fijar las tarifas e investigar los libros de contabilidad de las empresas privadas que participan en el comercio interestatal.

LAS LEYES SANITARIAS Y LA PROTECCIÓN DE LA NATURALEZA

A lo largo de su mandato, Theodore Roosevelt también

se preocupa de la salud pública, hasta entonces muy poco regulada. Tras conocer las desastrosas condiciones higiénicas de los mataderos del país, instiga la adopción, en 1906, de la primera Ley de Inspección de la Carne, que garantiza un control de la industria alimentaria. La Ley de Medicamentos y Alimentos, adoptada el mismo año, garantiza las condiciones higiénicas de los productos alimentarios y farmacéuticos.

Theodore Roosevelt, que es un gran defensor de la naturaleza, también trabaja para adoptar leyes dirigidas a protegerla. Así, lucha por un uso más racional de los recursos naturales y adopta importantes medidas para la conservación de los bosques y emplazamientos naturales. Entre sus medidas se encuentran las declaraciones como monumento nacional de toda una serie de lugares, entre ellos el Gran Cañón.

UN PAPEL CRECIENTE EN LA ESCENA INTERNACIONAL

En materia de política exterior, Theodore Roosevelt quiere dar a su país más visibilidad en la escena internacional. Para ello, busca alcanzar dos objetivos:

- reafirmar la hegemonía estadounidense en todo el continente americano;
- hacer que su país sea imprescindible en el Atlántico y el Pacífico.

El presidente promueve la estabilidad mundial mediante

el llamado «equilibrio de poder». Nace así la ideología del imperialismo benévolo estadounidense que, al tiempo que defiende los intereses de los Estados Unidos, respalda la paz y la estabilidad en el mundo. No se excluye, sin embargo, el recurso a la fuerza militar para favorecer los intereses estadounidenses que parezcan legítimos y, además, conserva la actitud hegemónica con respecto a América Latina.

Esta ambiciosa diplomacia se apoya en:

- la estrategia del Big Stick o «gran garrote» (Borja 2012), encarnada por la Marina estadounidense, que es sobre todo una fuerza disuasoria para garantizar la paz. A esto se añade la preparación militar permanente (*preparedness*), que obliga las fuerzas armadas a estar en un estado continuo de guerra;
- una diplomacia activa en todos los continentes gracias a la mediación presidencial en varios conflictos.

Los Estados Unidos se dotan pues de una potente fuerza marítima. Theodore Roosevelt trabaja para esto a lo largo de toda su carrera: siendo Secretario Adjunto en la Marina, mejora considerablemente la eficacia del departamento y contribuye a transformar la Navy en una fuerza ya no defensiva, sino ofensiva, capaz de realizar misiones a cientos de kilómetros de sus puertos de amarre. Durante su presidencia, Roosevelt continúa este esfuerzo e intenta mejorar la táctica naval haciendo uso de la tecnología y de una mejor gestión. Además, atribuye al control de la Navy al mismo presidente en vez de al Congreso, situando una figura con gran poder a la cabeza de la Marina estadounidense.

Roosevelt se dirige a los marines a bordo del Connecticut.

Además, está convencido de que el Atlántico y el Pacífico tienen que estar unidos por un canal controlado únicamente por los estadounidenses, lo que les garantizaría no solo ganancias comerciales, sino también una mejor distribución de su flota. Se implica, para conseguirlo, en un conflicto latinoamericano en el que respalda la revolución secesionista del Estado de Panamá frente a Colombia. Cuando Panamá consigue la independencia, Roosevelt ratifica, el 18 de noviembre de 1903, un tratado con el nuevo Estado en el que se garantiza a perpetuidad a los Estados Unidos el uso, el control y la ocupación de Panamá, con el pretexto de velar por el mantenimiento de su independencia.

EL PREMIO NOBEL DE LA PAZ

Theodore Roosevelt defiende la creación y el fortalecimiento de las instituciones internacionales para garantizar la estabilidad mundial. Además, está convencido de que el poder que los Estados Unidos han adquirido recientemente va acompañado del deber de promover la paz, incluso en el caso de que los intereses estadounidenses no están directamente en juego. Muchos tratados de mediación tienen su origen en su presidencia, principalmente durante la guerra ruso-japonesa (1904-1905), en la que el presidente interviene como mediador para poner fin al conflicto y preservar el equilibrio de fuerzas. Su papel como mediador en esta guerra le valdrá el Premio Nobel de la Paz en 1906.

Roosevelt considera que Japón pertenece al grupo de las naciones «superiores», por lo que acepta reconocer la soberanía de este país sobre Corea. A cambio, Japón se compromete a guardar silencio ante las posibles operaciones de agresión que los Estados Unidos puedan llevar a cabo en Filipinas, fuente de frecuentes problemas. Finalmente, en 1907, firma un tratado con Japón en el que se reconoce la supremacía de este país sobre Manchuria (China Nororiental) a cambio de reafirmar el *statu quo* en el Pacífico y la política de «la puerta abierta» en China.

LA GUERRA RUSO-JAPONESA

Desde la restauración del emperador en 1867, Japón quiere rivalizar con las potencias occidentales. Para ello, se lanza a una industrialización intensiva y a la creación de un ejército moderno con vistas a extenderse por el continente asiático. Tras una serie de éxitos, la expansión nipona es detenida por varios países occidentales, entre ellos Rusia, con pretensiones sobre los mismos territorios que Japón (Corea, Manchuria y el Noreste de China).

Con sed de venganza, Japón ataca por sorpresa la flota rusa el 9 de febrero de 1904. El 27 de mayo de 1905, durante la batalla naval de Tsushima, la flota rusa del mar Báltico es destruida por completo. Rusia no solo resulta vencida, sino que también es humillada.

Theodore Roosevelt, que desconfía de las pretensiones japonesas en el Pacífico por poder amenazar pronto los intereses estadounidenses, ofrece la mediación de los Estados Unidos. Gracias a su talento, consigue poner fin al conflicto ruso-japonés al tiempo que satisface a las dos naciones: Rusia no pagará indemnizaciones, pero tendrá que ceder territorios a Japón y renunciar a toda pretensión sobre Manchuria oriental y Corea.

LA CAMPAÑA PRESIDENCIAL DE 1912

En 1910, el Partido Republicano se escinde en dos grupos: los conservadores, con los que se alinea el sucesor de Theodore Roosevelt, William Howard Taft, y los progresistas. Roosevelt ve amenazada su herencia política y decide volver a la escena política, tres años después de haber abandonado la vida pública. Por otra parte, entre las filas progresistas del partido se levantan numerosas voces para que sea él el candidato a las próximas elecciones. Tras algunas dudas, acepta lanzarse a una nueva campaña; sin embargo, no consigue a obtener la investidura del Partido Republicano, que se encuentra en manos de los conservadores.

Así, decide crear un nuevo partido, el Partido Progresista, y ser su candidato. Siguiendo las grandes ideas de Theodore Roosevelt, el partido defiende:

- la supervisión permanente de las sociedades que participan en el comercio interestatal;
- la creación de un seguro médico, de desempleo y de vejez;
- el derecho al voto para las mujeres.

Roosevelt pronuncia un discurso durante su campaña electoral de 1912.

Aunque no es reelegido, Theodore Roosevelt consigue obtener más de una cuarta parte de los votos, un resultado jamás obtenido con anterioridad por terceros partidos. Consigue quedar segundo, por delante del candidato republicano, William Howard Taft, y tiene que dejar su puesto en manos del demócrata Thomas Woodrow Wilson (1856-1924).

REPERCUSIONES

UNA MEJORA EN LA CALIDAD DE VIDA

La determinación de la que hace gala Theodore Roosevelt durante toda su carrera permite regular a nivel federal varios ámbitos de importancia para la población: la higiene pública, el derecho laboral, la regulación de los monopolios, etc. Así, durante su presidencia mejoran considerablemente las condiciones de vida. Prueba de ello es el aumento de la media de edad: desde los 49 años en 1901 hasta los 56 años en 1920.

Gracias a sus actuaciones para la protección de los bosques, Roosevelt es reconocido también como uno de los precursores de la ecología moderna: sus intervenciones multiplican por cinco la superficie de las reservas federales.

EL FORTALECIMIENTO DE LA FUNCIÓN PRESIDENCIAL

Consciente del poder de la prensa, Roosevelt transforma a los periodistas en verdaderos ayudantes del poder ejecutivo. Permite a los medios publicar artículos jugosos sobre sus últimas declaraciones, con lo que se asegura la portada de los periódicos y consigue acaparar la actualidad. También sienta las bases de la conferencia de prensa presidencial, que su sucesor institucionalizará. Gracias a este fortalecimiento del ejecutivo y del poder federal, ahora el presidente puede luchar con más eficacia contra los excesos del liberalismo.

UNA POLÍTICA INTERIOR... ¿PROGRESISTA?

Aunque se considera que su balance es en general positivo, existen discrepancias sobre sus acciones contra los monopolios. De hecho, Roosevelt es tachado de «asesino de monopolios» cuando en realidad su principal objetivo no es disolverlos sino regularlos.

Aunque pretende ser progresista, Roosevelt es en realidad mucho más conservador de lo que parece. La mayoría de sus consejeros provienen del mundo industrial y financiero, y las medidas gubernamentales que adopta refuerzan, en vez de debilitar, a los grandes intereses. Efectivamente, los pequeños empresarios no tienen la capacidad para cumplir con los nuevos estándares, que son mucho más exigentes. Además, las sanciones penales previstas en esta legislación no se aplican en la realidad.

Sin embargo, al fortalecer el ejecutivo y adoptar numerosos reglamentos gubernamentales, hace saber a todos que el poder reside en Washington y no en Wall Street. Contribuye así al equilibrio entre el poder público y los intereses privados.

Gracias a sus acciones en favor de las clases medias, consigue también canalizar el descontento popular y hacer más eficaz la gestión gubernamental, sin ocasionar por ello un grave perjuicio a la economía privada. Los Estados Unidos reanudan así el crecimiento desenfrenado y la prosperidad.

LA AFIRMACIÓN DE LOS ESTADOS UNIDOS EN LA ESCENA INTERNACIONAL

Theodore Roosevelt contribuye también a dotar a su país de una mayor visibilidad en la escena internacional. Para ello, recurre al desarrollo de la Marina y a su estrategia del Big Stick. Así, el tamaño y las capacidades de la Navy aumentan todos los años durante su presidencia.

Caricatura de 1904 que representa la ideología del Big Stick de Roosevelt.

Para dotar a su país de un papel más activo en los asuntos mundiales, participa en la teorización y afirmación del imperialismo benévolo de los Estados Unidos, por el cual el país no duda en defender e imponer sus intereses al mismo tiempo que promueve una ideología de paz y estabilidad mundial. Asimismo, dota su país de una imagen de potencia mediadora, como habría sido el caso durante el conflicto ruso-japonés.

EN RESUMEN

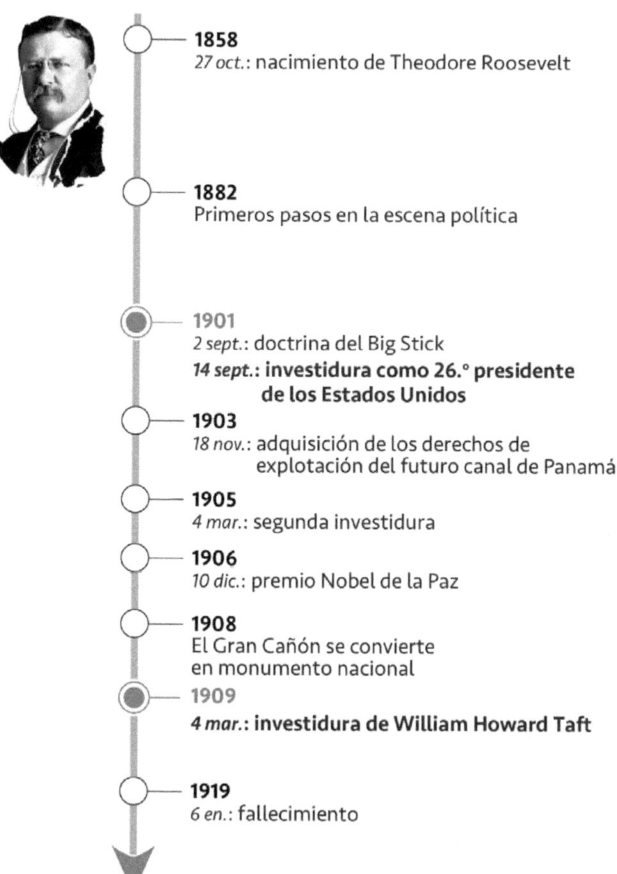

1858
27 oct.: nacimiento de Theodore Roosevelt

1882
Primeros pasos en la escena política

1901
2 sept.: doctrina del Big Stick
**14 sept.: investidura como 26.º presidente
de los Estados Unidos**

1903
18 nov.: adquisición de los derechos de
explotación del futuro canal de Panamá

1905
4 mar.: segunda investidura

1906
10 dic.: premio Nobel de la Paz

1908
El Gran Cañón se convierte
en monumento nacional

1909
4 mar.: **investidura de William Howard Taft**

1919
6 en.: fallecimiento

- Nacido en el seno de una familia acomodada, su debilitada salud no augura al joven Theodore Roosevelt ningún

destino extraordinario. Sin embargo, con una energía desbordante, lleno de entusiasmo y hablador, terminará por superar sus problemas de salud y acceder a las más altas funciones.

- Tras entrar muy joven en política, es elegido en varias ocasiones a la Asamblea del estado de Nueva York, donde rápidamente adquiere una reputación de enemigo de la corrupción y se impone como líder de los jóvenes reformistas del Partido Republicano.

- Abatido por la pérdida de su primera esposa durante un parto, se traslada a las llanuras de Dakota a llevar una vida de *cowboy*. Allí, divide su tiempo entre la caza y la escritura. Esta experiencia le enseña la importancia de la naturaleza y de su preservación.

- Durante la guerra de la Independencia de Cuba en 1898, participa como combatiente voluntario y vuelve rodeado de gloria.

- En 1901 es nombrado vicepresidente con William McKinley. Ese mismo año, el presidente es asesinado y Roosevelt le sucede en el cargo, convirtiéndose, a sus 42 años, en el presidente más joven de los Estados Unidos de América. Es reelegido para un segundo mandato en noviembre de 1904.

- Gran defensor de la naturaleza, Theodore Roosevelt trabaja también en leyes para protegerla. Toma así importantes medidas para la conservación de bosques y emplazamientos naturales.

- Fortalece la administración federal y lucha desde ella contra los excesos del liberalismo. Adopta medidas para regular los monopolios, en favor de las clases trabajadoras y de los consumidores estadounidenses.

- En el plano internacional, Theodore Roosevelt refuerza la posición de los Estados Unidos convirtiéndolo en un país imprescindible. Para ello utiliza una diplomacia que se basa principalmente en la demostración de fuerza de la nueva potencia naval estadounidense.
- Tras su salida de la Casa Blanca, continúa ocupando un lugar central en la escena política estadounidense, y lucha con tenacidad por defender sus ideas.
- Por su heroísmo como soldado, su lucha en favor de los trabajadores y sus acciones para la protección del medio ambiente, se le considera hoy como uno de los residentes más importantes de la Casa Blanca.

¡Tu opinión nos interesa!
¡Deja un comentario en la página web de tu librería en línea,
y comparte tus favoritos en las redes sociales!

PARA IR MÁS ALLÁ

FUENTES BIBLIOGRÁFICAS

- Arnold, Peri. 2009. *Remaking the Presidency*. Lawrence: University Press of Kansas.
- Borja, Rodrigo. 2012. "Diplomacia del garrote". En *Enciclopedia de la política*. México: Fondo de Cultura Económica.
- Carnes, Mark y John Garraty. 1999. *American National Biography*. Oxford: Oxford University Press.
- Cashman, Sean Dennis. 1998. *America ascendant. From Theodore Roosevelt to FDR in the Century of American Power, 1901-1945*. Nueva York: New York University Press.
- Cooper, John Milton. 1990. *Pivotal Decades: the United States, 1900-1920*. Londres: W. W. Norton.
- Ecured, "Enmienda Platt". Consultado el 7 de febrero de 2017. https://www.ecured.cu/Enmienda_Platt
- Mooris, Edmund. 1979. *The Rise of Theodore Roosevelt*. Nueva York: Coward, McCann & Geoghegan.
- Mooris, Edmund. 2001. *Theodore Rex*. Nueva York: Random House.
- Mooris, Edmund. 2011. *Colonel Roosevelt*. Nueva York: Random House.
- Ricard, Serge. 1991. *Theodore Roosevelt. Principes et pratique d'une politique étrangère*. Marsella: Université de Provence.
- Ricard, Serge. 2011. *A Companion to Theodore Roosevelt*. Malden: Blackwell Publishing.
- Watts, Sarah. 2006. *Rough Rider in the White House: Theodore Roosevelt and the Politics of Desire*. Chicago:

University of Chicago Press.

FUENTES COMPLEMENTARIAS

- Delahaye, Claire y Serge Ricard. 2012. *L'héritage de Théodore Roosevelt: impérialisme et progressisme*. París: L'Harmattan.
- Diner, Steven. 1998. *A Very Different Age: Americans of the Progressive Era*. Nueva York: Hill and Wang.
- Edwards, Rebecca. 2006. *New Spirits: Americans in the Gilded Age, 1865-1905*. Oxford: Oxford University Press.
- Jones, Gregg. 2013. *Honor in the Dust. Theodore Roosevelt, War in the Philippines, and the Rise and Fall of America's Imperial Dream*. Nueva York: New American Library.
- Melandri, Pierre. 2008. *Histoire des États-Unis contemporains*. París: André Versaille.
- Melandri, Pierre y Serge Ricard. 2004. *La montée en puissance des États-Unis de la guerre hispano-américaine à la guerre de Corée (1998-1953)*. París: L'Harmattan.
- Zinn, Howard. 2006. *Une histoire populaire des États-Unis de 1492 à nos jours*. Chicago: Agone.

FUENTES ICONOGRÁFICAS

- Fotografía de Theodore Roosevelt en 1904. La imagen reproducida está libre de derechos.
- Theodore Roosevelt con los Rough Riders durante la guerra de la Independencia de Cuba. La imagen reproducida está libre de derechos.
- Fotografía de la comisión establecida para gestionar

el conflicto entre los propietarios de las minas y sus empleados. La imagen reproducida está libre de derechos.
- Roosevelt se dirige a los marines a bordo del Connecticut. La imagen reproducida está libre de derechos.
- Roosevelt pronuncia un discurso durante su campaña electoral de 1912. La imagen reproducida está libre de derechos.
- Caricatura de 1904 que representa la ideología del Big Stick de Roosevelt. La imagen reproducida está libre de derechos.

SERIES Y DOCUMENTALES

- *The Indomitable Theodore Roosevelt*. Dirigido por Harrison Engle. Estados Unidos: Gannett/Anacapa y Signal Hill Entertainment, 1986.
- *Rough Riders*. Serie de televisión dirigida por John Milius. Estados Unidos: Affinity Entertainment, Esparza Katz y Larry Levinson Productions, 1997.
- *Teddy Roosevelt: an American Lion*. Telefilme dirigido por David de Vries. Estados Unidos: History Channel, 2003.